AF247193

L'ALBUM DE MAI.

PARAPHRASE EN VERS

DES

LITANIES DE LA SAINTE VIERGE,

PAR

Mme Zélie CARRÈRE.

MUSIQUE DE M. BECQUIÉ DE PEYREVILLE.

Professeur au Conservatoire, organiste de Saint-Jérôme.

TOULOUSE,

IMPRIMERIE DE A. CHAUVIN,

RUE MIREPOIX, 3

1856.

17235

L'ALBUM DE MAI.

PARAPHRASE EN VERS

DES

LITANIES DE LA SAINTE VIERGE,

PAR

Mlle Zélie **CARRÈRE**.

MUSIQUE DE M. BECQUIÉ.

TOULOUSE,
IMPRIMERIE DE A. CHAUVIN,
RUE MIREPOIX, 3.

1856.

C.

Air n° 1.

Divine Mère du Sauveur,
Vierge auguste, sainte Marie,
Lys parfumé de la prairie,
Modeste et gracieuse fleur,
Imitant l'humble violette,
De vos vertus cachant l'éclat,
Sur terre, au fond de la retraite,
Vous répétiez : *Magnificat !*
Mais aujourd'hui, rose fleurie,
De l'immense jardin des cieux,
Vous rayonnez à tous les yeux,
Tout l'univers chante Marie !
Et nous, courbés à ses genoux,
Nous lui disons : *Priez pour nous !*

Air n° 2.

Mère de Dieu, vierge admirable !
Sur le juste et sur le coupable,
Qui vous implorent humblement,
Vous jetez un regard clément.
Vous daignez toujours, ô Marie !
De celui qui vers vous s'écrie,
Le cœur brisé, les yeux en pleurs,
Ecouter les vives douleurs,
Lorsque l'ange de la lumière,
Qui vole de la terre aux cieux,
Toujours chargé du soin pieux
De vous porter notre prière,
Répète ce refrain si doux :
Mère de Dieu, priez pour nous !

Air n° 1.

Mère du Christ, du Créateur,

Des chrétiens douce providence,

O vous! toute leur espérance,

Protégez le pauvre pécheur.

Dédaignant les biens de ce monde,

Si vous lui jetez un regard,

Dans une paix douce et profonde,

Il aura la meilleure part!

Si vous exaucez sa prière,

Il gravira l'étroit sentier

Que le Christ suivit tout entier

Et qui conduit à la lumière.

Pour l'obtenir, à vos genoux

Il dit toujours : *Priez pour nous !*

Air nº 2.

Mère de-l'Auteur de la grâce,

A vos saints autels qu'il embrasse,

Daignez voir le pauvre pécheur

Vous implorant avec ferveur.

Que sur lui votre amour immense

Du haut du ciel verse et dispense

Les plus grands de tous vos bienfaits,

L'amour du bien et de la paix;

Et sans cesse du fond de l'âme,

A genoux venant vous prier,

Vous louer, vous glorifier,

Le cœur plein d'une sainte flamme,

Chaque matin, au nom de tous,

Il redira : *Priez pour nous !*

Air n° 2.

Mère très-pure, tour d'ivoire,
Pour oser chanter votre gloire,
Il faudrait une harpe d'or !
Il faudrait beaucoup mieux encor !
Mais d'une âme simple et timide,
Que vers vous son amour seul guide,
Vous daignez agréer les vœux ;
Et pendant le concert des cieux,
Le chrétien, s'unissant aux anges,
A vos genoux vient chaque jour
Vous offrir avec son amour
L'humble tribut de ses louanges,
Et vous répète à deux genoux :
Mère pure, priez pour nous !

Air n° 2.

Mère très-chaste et toujours vierge,
A l'autel allumant un cierge,
Quand le pécheur vient humblement
Confesser son égarement,
Vous daignez, vierge secourable,
A ses vœux être favorable,
Et, par un secours tout divin,
Le guider dans le bon chemin.
Toujours, ô bienheureuse Mère !
Pour notre salut éternel,
Suppliant le Maître du ciel,
Vous permettez que sur la terre,
Avec amour, à vos genoux
Nous répétions : *Priez pour nous!*

Air n° 1.

Mère aimable, porte du ciel,

A vos autels chacun s'empresse,

Demandant à votre tendresse

De présenter à l'Eternel

Son humble et fervente prière,

Pour qu'un jour il puisse être admis,

En quittant cette triste terre,

Auprès de votre divin Fils.

Sur le pécheur, Vierge admirable,

Jetez un seul regard sauveur,

Et, foudroyé, le tentateur

Fuira sans le rendre coupable.

Daignez ainsi nous sauver tous.

Porte du ciel, priez pour nous!

Air n° 5.

O Vierge très-prudente!
Dont la conception
Fut de souillure exempte!
Votre perfection
Sera pour nous, Marie,
Un sujet éternel
De rendre grâce au ciel;
Et dans cette patrie,
Objet de nos désirs,
De nos brûlants soupirs,
Où vous trônez en reine,
Auguste souveraine,
Nous espérons un jour arriver tous,
Si vous daignez, *Vierge, prier pour nous!*

Air n° 2.

O Vierge digne de louanges !
Les chérubins et les archanges,
Seuls capables de les chanter,
Devant vos yeux, pour le tenter,
De leurs grandes ailes de flamme
Voilent leur front modestement,
Et leur douce voix vous acclame
Dans un juste et saint tremblement.
Perdus au fond de notre abîme,
Nous n'oserions lever les yeux
Vers vous, Marie, au haut des cieux,
Si le mortel le plus infime
Ne pouvait vous dire à genoux :
Sainte Vierge, priez pour nous !

Air n° 5.

Vierge toute-puissante,
Auprès de l'Eternel,
D'une gloire éclatante
Par l'ange Gabriel
Vous fûtes couronnée,
Lorsque vous saluant,
Vierge prédestinée,
Mère du Tout-Puissant,
Par sa douce parole,
Le Messager des cieux
A votre front pieux
Mit la sainte auréole
Que le chrétien admire à deux genoux,
En vous disant : *Daignez prier pour nous !*

Air n° 5.

O Miroir de justice !
Reine du paradis,
Sainte Médiatrice
Auprès de votre Fils,
Acceptez de nos larmes
Le sincère tribut ;
Et pour notre salut
Dissipez nos alarmes,
Et, fiers de vous prier,
De vous glorifier,
Mère auguste et chérie,
A vos autels, Marie,
Bien humblement nous dirons à genoux :
Miroir divin, daignez prier pour nous !

Air n° 3.

Temple du Saint-Esprit,

Sa divine demeure,

En tout temps, à toute heure,

Celui qui vous bénit

Sent calmer sa souffrance,

Et son cœur plus joyeux,

Ne songeant plus qu'aux cieux,

Renaît à l'espérance.

Oh ! daignez l'éclairer,

Quand, pour vous implorer,

Il accourt avec zèle

Dans la blanche chapelle,

Et qu'il redit, tremblant, à vos genoux :

Temple divin, priez, priez pour nous !

Air n° 5.

Cause de notre joie
Qui, pour nous, tous les jours,
Adoucissez la voie
Où nous marchons toujours ,
Quand pour nous tout atteste
Votre tendre intérêt,
Pur et brillant reflet
De la bonté céleste ,
Avec ravissement
Nous disons humblement
La prière chérie ,
Et répétons, Marie ,
Cause de joie et de bonheur pour tous :
Mère , daignez , daignez prier pour nous !

Air n° 3.

Modèle de piété,

Dont la beauté céleste

Et la grâce modeste,

La sainte humilité,

Offraient ce bel exemple

De vertu, de candeur,

Que l'ange du Seigneur

Salua comme un temple,

Par votre saint amour,

Prêtez-nous chaque jour

Un appui salutaire,

Et notre humble prière,

Avec respect, s'élèvera vers vous,

Vous suppliant de *prier Dieu pour nous !*

Air n° 1.

O beau Vaisseau d'élection!

Orné par l'Esprit saint lui-même,

Lorsque dans son amour extrême

L'Auteur de la rédemption

Y prit un corps, une âme humaine,

O vous! dont la perfection

Aux cieux, dont vous êtes la reine,

Excite l'admiration,

Donnez-nous la ferveur, le zèle,

La piété, l'ardent amour

Des élus du divin séjour!

Et tous les jours, brillant modèle,

Nous vous dirons à deux genoux :

Vase embaumé, priez pour nous!

Air n° 5.

Rose mystérieuse

Qu'un ange aux ailes d'or

Salua bienheureuse,

En lui disant encor :

O fleur pleine de grâce !

Au mérite infini,

Votre nom est béni,

Et nul ne le surpasse.

Sans cesse on vous loûra,

On vous glorifîra

Par-dessus toute femme,

Et du fond de leur âme

Tous les chrétiens, prosternés à genoux,

Diront toujours : *Priez, priez pour nous !*

3

Air nº 6.

Tour de David, Reine des patriarches,
Dans tous les temps, dans tous les lieux,
Que nos efforts et nos démarches,
Bénis par vous, nous conduisent aux cieux!
Soyez pour nous le bâton symbolique
Sur lequel il faut s'appuyer;
Soyez pour nous la flamme antique
Que le Seigneur fit jadis rayonner
Pour guider les Hébreux dans leur pélerinage,
Et comme la lueur du nuage divin
Dans le désert leur montrait leur chemin,
Eclairez-nous dans notre long voyage!
Nous implorons cette grâce à genoux,
O gloire de David! daignez prier pour nous!

Air n° I.

Sanctuaire de charité,
Le malheureux qui vous implore
Sent qu'il peut espérer encore,
O Vierge pleine de bonté !
Car, de votre appui secourable
Favorisant l'homme pécheur,
La paix, trésor inestimable,
Bientôt rentre au fond de son cœur.
Aussi, rempli de confiance
Dans cet amour tout maternel,
Au pied de votre saint autel
Il oublie toute souffrance
Et dit sans cesse à vos genoux :
Vierge, daignez prier pour nous !

Air n° 5.

Arche de l'alliance,
Par qui l'homme pécheur
Renaît à l'espérance,
A la joie, au bonheur!
Quand, du courroux céleste
Redoutant les effets,
Il pleure ses méfaits,
A vos pieds les déteste,
Vous l'accueillez, Marie,
Et, par votre secours,
Il espère toujours
Le ciel pour sa patrie.
Pour l'obtenir, il vous dit à genoux :
Mère, daignez, daignez prier pour nous!

Air n° 3.

Etoile du matin,
Phare de l'espérance,
Dès ma plus tendre enfance,
Dans un brillant lointain,
Assise sur la nue
Aux rayons lumineux,
Eblouissant les yeux,
Vous m'êtes apparue.
Depuis lors, chaque jour
Vous offrant mon amour,
O divine Marie !
Sans cesse je m'écrie :
Daignez nous voir courbés à vos genoux,
Astre brillant, et *priez Dieu pour nous !*

Air n° 3.

O Secours des chrétiens !
Sainte Vierge Marie ,.
A celui qui vous prie
Accordez les vrais biens
Et la douce espérance ,
La charité , la foi
Dans la divine loi ;
L'amour , la patience ,
Qui sèchent tant de pleurs ,
Rempliront tous les cœurs ,
Et le chrétien fidèle ,
A vos pieds , avec zèle
Répètera sans cesse au nom de tous :
Secours divin , *priez , priez pour nous !*

Air n° 3.

Refuge des pécheurs,
Leur appui tutélaire,
Daignez être leur mère
Et guérir leurs douleurs.
Soutenez leur faiblesse ;
Protégez vos enfants,
Ils seront triomphants
Du mal qui les oppresse ;
Et, grâce à votre amour,
Devenus plus fidèles,
Ils obtiendront un jour
Les palmes éternelles,
En vous disant, prosternés à genoux :
Mère de Dieu, daignez prier pour nous !

Air n° 1.

Consolation des affligés,
Tous les chrétiens qui vous honorent,
Tous les pécheurs qui vous implorent,
De leurs chagrins sont soulagés,
Et leur peine la plus amère
S'efface au pied de votre autel !
Alors leur cœur, divine Mère,
Ne sait plus aspirer qu'au ciel.
De notre vallon de misère
Ils voudraient pouvoir s'envoler,
Aller aux cieux vous contempler
Et quitter cette triste terre.
En attendant, à vos genoux,
Ils répètent : *Priez pour nous !*

Air n° 4.

Reine auguste des anges !
Dans l'immortel séjour
Une brillante cour
Chante en chœur vos louanges !
Par leurs célestes chants,
Dans un divin langage,
Les séraphins brûlants
Vous rendent leur hommage !
Et cependant, du haut des cieux,
Sur nous pécheurs et misérables
Vous daignerez jeter les yeux,
Et prier Dieu pour les coupables,
Si, repentants, courbés à vos genoux,
Nous vous disons : *Reine, priez pour nous !*

Air n° 4.

O Reine des prophètes !
Parmi les bienheureux
Qui célèbrent aux cieux
Les plus brillantes fêtes,
On voit aux premiers rangs
La troupe fortunée
De ceux qui, dans le temps,
A la terre étonnée,
Par leurs chants inspirés,
Annonçaient votre gloire.
O poètes sacrés !
Sur vos harpes d'ivoire,
Chantez Marie ! Et nous, à deux genoux
Nous lui disons : *Daignez prier pour nous !*

Air n° 4.

O Reine des apôtres !
Ces disciples élus
Pour leurs rares vertus
Rendent hommage aux vôtres,
Dont l'immense grandeur
Les dépasse, ô Marie !
Comme un bel arbre en fleur,
L'herbe de la prairie.
Dans les cieux chaque jour
Se joignant aux archanges,
Ils chantent tour-à-tour
Vos célestes louanges.

Et nous, pécheurs, nous disons à genoux :
Reine, daignez, daignez prier pour nous !

Air nº 3.

O Reine des martyrs!
Que la gloire environne,
Leur sanglante couronne
Est moins que vos soupirs!
Modèle des victimes,
Votre fils veut mourir :
L'Homme-Dieu va périr
Pour expier nos crimes.
Et votre divin cœur,
Abreuvé de douleur,
Au ciel qui le contemple
Offre un sublime exemple
Que nous n'osons admirer qu'à genoux,
En répétant : *Reine, priez pour nous!*

Air n° 3.

Reine des confesseurs
Qui pour leur foi périrent
Sous de fiers oppresseurs !
Quand les cachots s'ouvrirent ,
Pour tenir leurs serments ,
Les saints priaient sans cesse
Et bravaient les tourments ,
Le cœur plein d'allégresse.
Obtenez-nous leur foi ,
O divine Marie !
Et du Seigneur la loi
Confessée et chérie
Sera suivie avec amour par tous,
Si vous daignez , Reine, prier pour nous !

Air n° 2.

Reine des vierges, ô Marie!
A genoux le chrétien vous prie ;
Et, le cœur tout brûlant d'amour,
Il vous supplie chaque jour
De conserver son âme pure
Et de préserver de souillure
Son cœur, son esprit et son corps,
Jusques à l'heure de la mort.
Sainte et divine protectrice
Que nous chérissons tendrement,
Nous vous implorons humblement.
Oh ! daignez nous être propice,
Nous aider à nous sauver tous,
Reine, et daignez prier pour nous !

Air n° 1.

Reine auguste de tous les saints,
De votre heureux et beau cortége
Jadis du mal qui nous assiége
Tous les membres furent atteints.
Mais à vous, du fond de leur âme,
Avec respect ayant recours,
D'une vive et céleste flamme
Sans cesse ils eurent le secours.
Maintenant près de votre trône,
Tous glorieux et triomphants,
Ils vous offrent un pur encens
Et l'hommage de leur couronne.
Daignez aussi nous aider tous;
Reine des saints, priez pour nous!

Air nº 6.

Mère sans tâche, ô Vierge immaculée !
Superbe lys dont la blancheur
Brille au-dessus de la voûte étoilée ,
Sans cesse, devant vous, les anges du Seigneur,
En balançant leur urne parfumée ,
Avec respect disent en chœur :
Gloire à la fleur immaculée !
Honneur au lys , emblême de candeur !
Et du fond de leur cœur, au saint concert des anges
Les chrétiens ici-bas osant unir leur voix,
Répètent mille et mille fois :
Avec nos cœurs acceptez les louanges
Que nous chantons, toujours prosternés à genoux ;
O lys immaculé ! *priez , priez pour nous !*

Air Nº 1.

CHANT
PIANO
OU
ORGUE
Andante. Met = 63.
Sempre legato.
Di-vi-ne
mè - re du Sau-veur Vierge au - gus - te, Sainte Ma-
ri - e lys parfu - mé de la prai-ri - e, mo-
deste et gra - ci-eu-se fleur, i - mi tant l'humble vio-
let - te: de vos vertus ca-chant l'é - - clat, sur

terre au fond de la re - traite, vous ré-pe - - tez mag-ni - fi-
cat mais au-jour - d'hui ro - se fleu - - ri - - e de l'im-
men-se jar-din des Cieux, vous rayon - nez à tous les
yeux, tout l'u-ni-vers chan-te Ma - ri - e et nous courbés à ses genoux, nous lui di - sons: priez pour nous.
Fin

Air N.º 2.

Andante Met ♩= 72.

CHANT

Sempre legato e Piano

PIANO
ou
ORGUE

Mè-re de Dieu vierge admirable,

sur le juste et sur le Coupa - ble qui vous im-plorent humble - ment,

vous je -tez un re - gard clément. vous daignez toujours ô mari-e de ce-

lui qui vers vous s'é - cri - e le cœur bri - sé, les yeux en pleurs, E - - cou-

tez les vives douleurs,   Lorsque l'ange de la lumi - è - re   qui
volé de la terre aux cieux toujours chargé   du soin précieux, de vous porter notre pri-
è - - - re,   répè- te . ce re-
Dolce
frain   si doux,   mère de Dieu priez pour   nous.
Ritard.
Colla voce.   Tremolo.
Fin.

Air Nº 3.

Met = ♩ 66.

gnez l'éclai - - rer quand pour vous implorer il ac-court a-vec
zè-le dans la blan-che cha-pel- -le,
et qu'il re-dit trem-blant à vos ge-noux, Temple divin pri- éz pri-
éz pour nous, pri- éz pour nous,
Ritardando.
pri- ez pour nous.
Fin.

Air. Nº 4.
CHANT
PIANO
OU
ORGUE
Poco Lento. Met. 69
Sempre Legato
Piano
Reine au-gus-te des
An - ges dans l'im-mortel sé - jour une bril-lan-te
coup chan-te en chœur vos lou - an - ges par leurs cé-les-tes
chants dans un di - vin lan - ga - ge les se - ra-phins bru-
lants vous ren-dent leurs hom-ma - ges et ce - pen-

dant du haut des cieux sur nous pécheurs et misé - ra - bles vous daigne - rez je - ter les
yeux et pri - er Dieu pour les cou - pa - bles si re-pen-tants courbes a vos ge -
noux nous vous di - rons nous vous di - rons Rei - ne pri - ez pour
nous Rei - ne pri-ez pour nous
Fin.

Air Nº 5.
Andante   Met= 72.
CHANT
PIANO
OU
ORGUE
O mi roir de jus - ti - ce
Rei-ne du pa-ra - dis   Sain-te mé di a - tri ce au
près de vo-tre fils Ah dai - gnez de nos lar-mes re-ce
voir le tri - but et pour notre sa - lut dis-si-per nos a lar
mes quand fier de vous pri-er de vous glo-ri-fi - er   me re au-gus-te et ché-

ri - e   a vos au - tels   Ma - ri - e   mè-reau - gus-teet che -

ri - e   a vos au - tels   Ma - ri - e   cha que matin nous di -

ronsa ge-noux mi - roir di vin dai gnez pri - er pour nous.

cha que ma - tin nous di - rons a ge - nouxmi roir di - vin dai gnez pri - er pour

nous pri - ez pour nous pri - ez pour nous.

Ritard

Diminuendo poco a poco segue colla voce

Fin.

Air Nº6.
Andante: Met ♩= 63.
CHANT.
PIANO
Mère sans tache ô Vierge immacu-lé-e, Super-be
lys dont la blan-cheur brille au-des-sus de la voute é-toi-lé-e sans cesse devant
vous les an-ges du Sei-gneur en ba-lan-çant leur ur-ne par-fu-mé-e, a-vec respect di-sent en chœur gloire à la fleur im-ma-cu-lé-e: l'hon-neur au
lys em-blè-me de can-deur! et du fond de leur cœur au saint con-cert des
legato.

an - ges, les chré tiens i - ci bas o - sent u — nir leur
voix ré pé tent mille et mille fois a - vec nos cœurs accep tez les lou - an - ges que nous chan
tons toujours prosternés a ge - noux, o lys im - ma - cu - lé pri - ez pri - ez pour
nous, que nous chan tons toujours prosternés a ge - noux ô lys im - ma cu lé pri - ez pri - ez pour
nous! pri - ez pour nous! pri - ez pour nous! Fin.
Diminuendo.